XXXIII

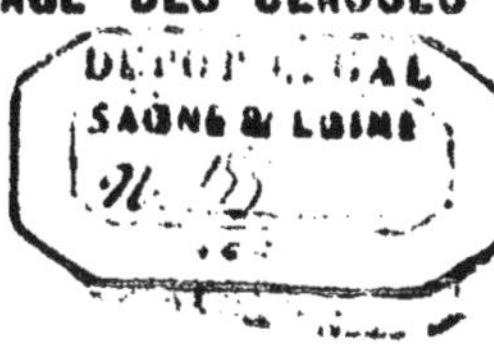

LES INSCRIPTIONS ROMAINES

BIBLIOGRAPHIE PRATIQUE

PAR

Louis PERRET

MAÎTRE DE CONFÉRENCES A LA FACULTÉ DES LETTRES
DE L'INSTITUT CATHOLIQUE

AVEC UNE PRÉFACE DE

R. CAGNAT

MEMBRE DE L'INSTITUT, PROFESSEUR AU COLLÈGE DE FRANCE

PARIS
LIBRAIRIE C. KLINCKSIECK

LES INSCRIPTIONS ROMAINES

BIBLIOGRAPHIE PRATIQUE

LES INSCRIPTIONS ROMAINES

BIBLIOGRAPHIE PRATIQUE

PAR

Louis PERRET

Maître de Conférences à la Faculté des Lettres
de l'Institut Catholique

AVEC UNE PRÉFACE DE

R. CAGNAT

Membre de l'Institut, Professeur au Collège de France

PARIS
·LIBRAIRIE C. KLINCKSIECK
11, RUE DE LILLE, 11
—
1924

PRÉFACE

Chaque année, en commençant mon cours au Collège de France, j'ai l'habitude de donner aux auditeurs qui me font l'honneur d'assister à mes leçons, des renseignements généraux, essentiellement pratiques, sur l'emploi des recueils d'inscriptions latines. J'ai, en effet, appris, par une longue expérience personnelle, et comme tous ceux qui ont à s'occuper d'épigraphie, que le maniement des ouvrages de cette sorte n'est pas sans réserver de sérieuses difficultés à qui n'est pas au courant des principes suivis pour leur composition. Le *Corpus Inscriptionum latinarum*, cet admirable instrument de travail, est pour les novices d'un usage peu aisé. Si le volume que l'on désire consulter est muni de tables analytiques, il faut connaître la façon d'utiliser ces tables et pouvoir, sans de longs tâtonnements, recourir à celle qui convient pour tel ou telle recherche ; c'est, à tout prendre, une opération relativement facile. Quelle complication, au contraire, quand on a affaire à un volume sans tables ! et l'on sait que plus d'un, par exemple le sixième, celui qui contient les inscriptions de Rome, si nombreuses, si importantes à tous égards, sont, en ce moment, encore privés d'*indices*, peut-être pour longtemps. En pareil cas, le travailleur devra être parfaitement au courant des divisions et des subdivisions adoptées pour la classification des textes épigraphiques, de l'ordre dans lequel ils sont groupés, de la méthode suivant laquelle ils sont présentés. Sans ce fil, qui permet de se conduire au milieu de ce qui peut sembler, à première vue, un fouillis indigeste, les débutants sont exposés à perdre un temps précieux en efforts infructueux.

Il n'est pas moins utile pour eux de connaître les ouvrages, moins volumineux, où l'on a réuni des inscriptions, assemblées didactiquement, tel le magistral recueil de M. Dessau; ou les manuels et dictionnaires d'institutions et d'antiquités romaines qui peuvent guider les chercheurs dans la lecture, l'intelligence et l'interprétation des inscriptions.

Or tout cela n'a pas encore été résumé en quelques pages dans un petit traité élémentaire.

Les difficultés que j'avais personnellement éprouvées jadis, qu'ont éprouvées comme moi les commençants, un jeune maître de Conférences à la Faculté Catholique de Paris, ancien élève de la Faculté de Lyon et qui, par suite — je le dis afin d'éviter tout malentendu — n'a pas eu l'occasion de profiter de mes indications orales, a conçu, de son côté, l'idée d'y porter remède en rédigeant, à l'usage de ses étudiants, un guide pratique, aussi simple que possible, et il a bien voulu me demander d'en accepter le patronage.

J'ai regardé comme un devoir de le faire, très heureux de voir les nouveaux venus dans la carrière s'intéresser à des études dont, durant quarante années d'enseignement et de travail, j'ai essayé de répandre le goût dans notre pays.

M. Perret a trop clairement expliqué ses intentions au début de son travail, pour qu'il soit utile d'y insister. Il me suffira de souhaiter une heureuse fortune à son opuscule.

Utere felix !

R. CAGNAT.

Août 1923.

INTRODUCTION

Ce travail s'adresse, non pas aux érudits, mais à tous ceux qui, pour des raisons diverses, doivent connaître les principes de l'épigraphie latine, et particulièrement aux étudiants des Facultés.

La bibliographie de l'épigraphie latine a été établie par R. Cagnat en 1901 (Bibliothèque de bibliographies critiques. Paris, Picard).

Depuis, il l'a complétée dans l'introduction de son « Cours » (Paris, Fontemoing, 4e édition, 1914).

L'étudiant trouvera là toutes les indications désirables sur :

— Les principaux recueils imprimés d'inscriptions latines (Recueils anciens, généraux, spéciaux, chrétiens).

— Les traités d'épigraphie et les ouvrages didactiques.

— L'histoire de l'épigraphie.

— Les principaux périodiques français et étrangers publiant et commentant les inscriptions.

La bibliographie proprement dite de cette science auxiliaire de l'histoire n'a donc besoin que d'être complétée : *a)* par la mention des ouvrages postérieurs à 1914 ; *b*) par l'état d'avancement actuel de ceux qui étaient déjà en cours de publication à cette date. Le tout, en restant dans les limites d'une documentation directement utilisable.

Mais notre intention n'est pas tant de mettre à jour le tableau des sources épigraphiques que de fournir aux chercheurs des moyens d'études, des procédés simples et pratiques pour consulter les grands travaux et les collections.

De là les deux parties de cet exposé :

— Une bibliographie complémentaire destinée à fixer l'état présent des publications.

— Une bibliographie pratique destinée à faciliter, à écourter l'apprentissage de l'épigraphie.

I

BIBLIOGRAPHIE COMPLÉMENTAIRE

I. — RECUEILS D'INSCRIPTIONS

A. — CORPUS INSCRIPTIONUM LATINARUM [1],

Consilio et auctoritate Academiae litterarum regiae
Borussicae editum.
(Berolini, in-4°, apud Georgium Reimerum).

L'idée d'un recueil général des inscriptions latines, d'origine française, a été réalisée en Allemagne sur l'initiative de Th. Mommsen et sous les auspices de l'Académie de Berlin. La commission du C. I. L. a été constituée en 1853 et le premier volume a paru en 1863.

Le recueil est établi d'après le principe géographique, et chaque volume groupe les inscriptions par pays. Il y a en totalité 15 volumes, formant le cadre fixe dans lequel doivent entrer tous les documents. La série des 15 volumes a été achevée en 1899-1907 par la publication du volume XIII.

1. Ce recueil est indiqué couramment dans toutes les publications savantes qui y renvoient par les trois lettres . C. I. L.

Chaque volume comprend un nombre variable de tomes appelés « partes » ou « supplementa », eux-mêmes divisés en fascicules, et qui viennent compléter la collection à mesure que de nouvelles découvertes en fournissent la matière. Chaque tome porte donc le numéro du volume auquel il appartient. La numération et la pagination se continuent dans tous les tomes d'un même volume [1].

État d'avancement du C. I. L. :

Vol. I. — **Inscriptiones latinae antiquissimae ad Caesaris mortem.** Ed. Th. Mommsen, 1863 (INDICES).

— Editio secunda. Voluminis primi pars prior. Edd. Th. Mommsen, G. Henzen, Ch. Huelsen, 1893 (INDICES).

— Voluminis primi pars posterior. Fasciculus I, 1918 (CONSPECTUS OPERIS).

— Tabulae lithographae (priscae latinitatis) Ed. Ritschelius. 1862.

Vol. II. — **Inscriptiones Hispaniae latinae.**

— I tome. Ed. Aem. Huebner. 1869 (INDICES).

1. Dans la transcription des inscriptions en écriture cursive, on met entre crochets les parties restituées; entre parenthèses, les suppressions produites par les abréviations, et que la lecture régulière rétablit.

— Supplementum. Ed. Aem. Huebner. 1892 (INDICES).

Vol. III. — Incriptiones Asiae, provinciarum Europae graecarum, Illyrici.

— Pars prior. Ed. Th. Mommsen. 1873.

— Pars posterior. Ed. Th. Mommsen. 1873 (INDICES).

— Supplementi pars prior. Edd. Th. Mommsen, A. Domaszewski, O. Hirschfeld. — Contenant :

— Fasciculus primus, 1889.

— Fasciculus secundus, 1891.

— Fasciculus tertius, 1893.

— Supplementi pars posterior. Edd. iidem. 1902 (INDICES).

Contenant les « fasciculi quartus et quintus ».

— Les « additamenta postrema » (p. 2294 à 2328,72) et « mantissa addendorum » (p. 2328,73 à 2328,204) ont des Indices à part, pages 2622 sqq.

Vol. IV. — Inscriptiones parietariae Pompeianae, Herculanienses et Stabianae.

— I tome. Edd. C. Zangemeister et R. Schöne. 1871 (INDICES).

— Adjectae sunt tabulae lithographae LVII.

— Supplementi pars prior. Ed. C. Zangemeister. 1898 (INDICES).

Tabulae ceratae Pompeiis repertae.

2

— Supplementi pars posterior. Ed. A. Mau. 1909 (INDICES).

Vasa fictilia. — Graffiti.

Vol. V. — **Inscriptiones Galliae Cisalpinae.**

— Pars prior. Ed. Th. Mommsen. 1872.

Inscriptiones regionis Italiae decimae.

— Pars posterior. Ed. Th. Mommsen. 1877. (INDICES).

Inscriptiones regionum Italiae undecimae et nonae.

— Additamenta ad Vol. V Galliae Cisalpinae. Ed. H. Païs. Romae, 1888, in-4°. — Ce supplément ne fait pas partie de la collection du « Corpus » et a été établi sur l'initiative de l'Académie des Lynx ; mais il est tout à fait conforme au plan de l'Académie de Berlin.

Vol. VI. — **Inscriptiones Urbis Romae.**

— Pars prima. Edd. E. Bormann, G. Henzen, 1876 (CONSPECTUS OPERIS).

— Pars secunda. Edd. E. Bormann, G. Henzen, Ch. Huelsen. 1882.

Tituli sepulcrales. — Monumenta columbariorum (CONSPECTUS OPERIS).

— Pars tertia. Edd. iidem. 1886.

Tituli sepulcrales reliqui.

— Partis quartae fasciculus primus. Ed. Ch. Huelsen. 1894 (CONSPECTUS OPERIS).

— Partis quartae fasciculus secundus. Ed. Ch. Huelsen. 1902 (CONSPECTUS OPERIS).

— Partis quartae fasciculus tertius. (*En prépa-ration.*)

— Pars quinta. Edd. E. Bormann, G. Henzen, Ch. Huelsen. 1885. — Inscriptiones falsae (de Rome). (INDICES des « falsae ») [1].

— Pars sexta. (*En préparation.*)

Ce tome doit contenir les « Indices » du vol. VI tout entier.

Vol. VII. — Inscriptiones Britanniae (IN-DICES).

Tome unique. Ed. Aem. Huebner. 1873.

Vol. VIII. — Inscriptiones Africae.

— Pars prior. Collegit G. Wilmanns. 1881.

Inscriptiones Africae proconsularis et Numidiae.

— Pars posterior. Collegit G. Wilmanns, 1881 (INDICES).

Inscriptiones Mauretaniarum.

— Supplementi pars prima. Edd. R. Cagnat, Joh. Schmidt. 1891.

---

1. Dans chaque volume ou tome, les inscriptions reconnues fausses sont groupées et numérotées à part avec un index spécial. Elles sont marquées d'un astérisque suivant le numéro, qu'il ne faut pas confondre avec l'astérisque précédant le numéro et indiquant les inscriptions mutilées ou douteuses.

Inscriptionum Africae proconsularis supplementum.

— Supplementi pars secunda. Edd. R. Cagnat. H. Dessau, Joh. Schmidt. 1894.

Inscriptionum provinciae Numidiae supplementum.

— Supplementi pars tertia. Edd. iidem. 1904.

Inscriptionum Mauretaniae miliariorum et instrumenti domestici in provinciis africanis repertorum supplementum.

— Supplementi pars quarta. Edd. iidem. 1916.

Inscriptionum Africae proconsularis supplementum alterum (CONSPECTUS VOLUMINIS).

Vol. IX. — **Inscriptiones Calabriae, Apuliae, Samnii, Sabinorum, Piceni.**
Tome unique. Ed. Th. Mommsen. 1883 (INDICES).

Vol. X. — **Inscriptiones Bruttiorum, Lucaniae, Campaniae, Siciliae, Sardiniae.**
— Pars prima. Ed. Th. Mommsen. 1883.
— Pars secunda. Ed. Th. Mommsen. 1883 (INDICES).

Vol. XI. — **Inscriptiones Aemiliae, Etruriae, Umbriae.**
— Pars prior. Ed. E. Bormann, 1888.

— Partis posterioris fasciculus prior. Ed. E. Bormann. 1901.

— Partis posterioris fasciculus posterior (*En
préparation*).

Vol. XII. — **Inscriptiones Galliae Narbo-
nensis**.

Tome unique. Ed. O. Hirschfeld. 1888 (IN-
DICES).

Vol. XIII. — **Inscriptiones triarum Gallia-
rum et duarum Germaniarum**.

— Partis primae fasciculus prior. Ed. O. Hirschfeld. 1899. Aquitania, Lugdunensis.

— Partis primae fasciculus posterior. Ed. O.
Hirschfeld. 1904. Belgica.

— Partis secundae fasciculus primus. Ed. C.
Zangemeister. 1905. Germania Superior.

— Partis secundae fasciculus secundus. Edd.
Th. Mommsen, O. Hirschfeld, A. Domaszewski.
1907.

Germania Inferior. — Milliaria Galliarum et
Germaniarum.

— Partis tertiae fasciculus prior. Ed. Bohn.
1901. Instrumentum.

— Partis tertiae fasciculus posterior. Ed. Bohn.
1901.

Collegerunt O. Hirschfeld, C. Zangemeister,
O. Bohn.

Instrumentum domesticum. — Signacula medicorum oculariorum (Ed. Aem. Espérandieu).

— Pars quarta. Addenda ad partes primam et secundam. 1916.

Vol. XIV. — **Inscriptiones Latii veteris**.

Tome unique, Ed. H. Dessau. 1887 (INDICES).

Vol. XV. — **Inscriptiones Urbis Romae. Instrumentum domesticum**.

— Pars prior. Ed. H. Dressel, 1891. Inscriptiones laterum.

— Partis posterioris fasciculus primus. Ed. H. Dressel. 1899. Vasa, lucernae, fistulae.

— Partis posterioris fasciculus secundus (*En préparation*).

En terminant ce tableau d'ensemble du C. I. L., mentionnons l'ouvrage d'Em. Hübner, capital pour la paléographie des inscriptions : *Exempla scripturae epigraphicae latinae, a Caesaris dictatoris morte ad aetatem Justiniani*, edidit Aemilius Huebner. (Auctarium Corporis inscriptionum latinarum. — In-4°, Berolini, 1885.) Il renseigne exactement sur la rédaction, la gravure des inscriptions, sur les caractères épigraphiques employés aux différentes époques de l'Empire.

B. — INSCRIPTIONS LATINES DE L'ALGÉRIE

Ce recueil, placé sous le patronage du Gouvernement Général de l'Algérie, doit être la plus importante collection épigraphique française.

Il comprendra quatre tomes, groupant les inscriptions par régions :

Tome I. — **Proconsulaire**. (Partie de l'Algérie ayant compris la « Provincia Africa » ou « Proconsularis »).

Tome II. — **Confédération cirtéenne**, avec la colonie de Cuicul et le territoire de la tribu des Suburbures.

Tome III. — **Numidie militaire**.

Tome IV. — **Maurétanie Sitifienne et Césarienne**.

Le premier tome vient de paraître (Paris, E. Champion, 1922), établi par M. St. Gsell. Il contient des « indices » avec des tables de concordance renvoyant au C. I. L. pour les textes déjà publiés. Les notes et commentaires sont rédigés en français.

———

C. — INSCRIPTIONS LATINES D'AFRIQUE

Cet ouvrage, publié sous les auspices de l'Institut de France, par MM. R. Cagnat et A. Merlin, avec la collaboration de L. Chatelain (Paris,

Leroux, 1923, 1 vol. in-4°), contient les inscriptions de la Tripolitaine, de la Tunisie et du Maroc
qui ne sont pas dans le vol. VIII du C. I. L.

Le dépouillement de ces documents a été fait
jusqu'en 1922.

Ce recueil s'attache essentiellement aux textes
présentant un intérêt philologique ou historique.
Il est à la fois plus maniable, plus pratique et d'un
prix plus abordable que les autres travaux de ce
genre. — Les inscriptions sont reproduites en
caractères épigraphiques. Commentaires et éclair-
cissement sont en français.

D. — INSCRIPTIONES GRAECAE AD RES ROMANAS PERTINENTES

De nombreuses inscriptions relatives à l'Empire
romain sont rédigées en grec. Aussi R. Cagnat, en
dressant les listes des fonctions formant les « cursus », dans son cours d'épigraphie, a jugé bon de
porter, en face des appellations latines, les équiva-
lents grecs.

Des inscriptions de cette sorte ont été retrouvées
dans toutes les régions de l'Empire, et, naturelle-
ment, dans la Méditerranée orientale surtout.

On a recueilli dans le C. I. L. III les inscriptions bilingues (partie en latin, partie en grec) ;

celles qui sont rédigées totalement en grec sont reproduites dans les « Inscriptiones graecae » (Berlin, Reimer), particulièrement dans le volume III, 1 et 2 (« Inscriptiones Atticae aetatis romanae », 1878 et 1882) et dans le volume XIV (Italie, Sicile, Occident, 1890).

Ces textes occupent une telle place dans l'histoire romaine que l'épigraphie latine ne peut pas les négliger. C'est pour répondre à ce souci qu'un recueil spécial a été entrepris par l'Académie des Inscriptions et Belles-Lettres, intitulé : « Inscriptiones graecae ad res romanas pertinentes [1] ».

La publication a commencé en 1901. Elle comprendra, quand elle sera terminée, toutes les inscriptions grecques qui offrent quelque intérêt pour l'histoire politique ou économique de l'Italie et des provinces de l'Empire, jusqu'à l'avènement de Dioclétien.

En voici l'état d'avancement :

Tomus Primus. — Ediderunt R. Cagnat et J. Toutain, (sauf fasc. V).

— Fasciculus I : « Britannia, Gallia, Hispania, Italia ». 1901.

— Fasc. II : « Sicilia, Sardinia, Melita, Pannonia, Dalmatia, Moesia ». 1903.

---

1. « auctoritate et impensis Academiae Inscriptionum et Litterarum Humaniorum collectae et editae ». Paris. Leroux. Format gr. in-8°.

— Fasc. III : « Moesia Inferior, Thracia », 1904.

— Fasc. IV : « Sarmatia, Bosporus, Mauretaniae, Creta et Cyrenaica ». 1906.

— Fasc. V : « Aegyptus », (R. Cagnat, P. Jouguet) 1908.

— Fasc. VI et VII : INDICES (1909-1911).

Tomus Secundus. — « Graecia ». (*En préparation*).

Tomus Tertius. — Ediderunt R. Cagnat et G. Lafaye.

— Fasc. I : « Bithynia, Pontus, Cappadocia, Galatia ». 1902.

— Fasc. II : « Galatia, Lycia et Pamphylia ». 1903.

— Fasc. III : « Lycia et Pamphylia, Cilicia, Cyprus ». 1904.

— Fasc. IV : « Syria, Palestina, Arabia ». 1905.

— Fasc. V : « Supplementum ». 1906.

— Fasc. VI : INDICES. 1906.

Tomus Quartus. — Ediderunt R. Cagnat et G. Lafaye. « Asia ».

— Fasciculi I (1908), II et III (1910), IV (1912), V (1914), VI (1921).

— Fasc. VII : INDICES (*En préparation*).

II. — RECUEILS PROVISOIRES

Les inscriptions latines, toujours nombreuses, qui viennent à être découvertes, avant d'être recueillies dans les grandes collections précédentes, sont publiées dans de multiples périodiques, dont R. Cagnat a donné une liste copieuse (Bibliographie de son manuel, p. xxvi-xxvii, et surtout, Bibliothèque de bibliographies critiques, *op. cit.*, p. 19-24).

Ces inscriptions sont ainsi dispersées ; en attendant mieux, et pour se tenir au courant, il faut lire attentivement les revues diverses qui les publient et les étudient.

Toutefois, ce travail méticuleux de dépouillement est grandement facilité par deux périodiques qui constituent des recueils provisoires et enregistrent les découvertes épigraphiques au fur et à mesure qu'elles se produisent.

A. — L'EPHEMERIS EPIGRAPHICA [1]

Cette publication, paraissant à des dates variables, réunit les documents qui doivent constituer les futurs suppléments du « Corpus ». Cer-

---

1. « Corporis inscriptionum latinarum supplementum, editum jussu Instituti Archaeologici romani ». Berolini, apud G. Reimerum.

tains volumes du C. I. L. sont déjà anciens, tel le vol. VII, dont le tome premier et unique remonte à 1873 ; plusieurs années peuvent encore se passer avant que la collection ne s'augmente d'autres tomes. Les volumes de l'*Ephemeris* sont destinés à réduire ce retard apparent, inévitable aux collections de cette étendue, et à mettre les inscriptions nouvelles dès maintenant à la portée des historiens.

L'*Ephemeris Epigraphica*, édité sous les auspices de l'Académie de Berlin, comprend actuellement 9 volumes. Les inscriptions y sont non seulement publiées, mais étudiées d'une façon critique, et chaque volume contient des travaux originaux, des « Observationes epigraphicae » de Th. Mommsen. A mesure que les suppléments du C. I. L. paraissent, les recueils de l'*Ephemeris* perdent leur intérêt ; mais les travaux originaux et les commentaires conservent toute leur valeur.

État d'avancement :

— Tome I, 1872-1873. Additamenta ad vol. I, II, IV, VI.

Travaux : « De praefecto castrorum et praefecto legionis », p. 81-105, G. Wilmanns. — « Nundina consularia ; de nundinis consularibus aetatis imperatoriae », p. 187-199, G. Henzen. — « De provinciarum romanarum conciliis et sacerdotibus », p. 200-214, J. Marquardt.

— Tome II, 1875. Additamenta ad vol. I, II, III.

Travail : « De fastis feriarum latinarum », p. 93-101. J.-B. de Rossi.

— Tome III, 1877. Additamenta ad vol. I, II, VI, VII.

Travaux : « Lex metalli Vipascensis », p. 165-189, Aem. Huebner, Th. Mommsen. — « De sodalibus et flaminibus augustalibus », p. 205-229, H. Dessau.

— Tome IV, 1881. Additamenta ad vol. I, II, III, VI, VII.

Travaux : « Nomina et gradus centurionum », Th. Mommsen, p. 226 sqq. — « De muneribus militaribus centurionatu inferioribus », p. 355-481, P. Cauer. — « Privilegia militum veteranorumque de civitate et conubio », p. 495-515, Th. Mommsen.

— Tome V, 1884. Additamenta ad vol. III, VIII.

— Tome VI, 1885. Inscriptions sur balles de plomb. Ed. C. Zangemeister.

— Tome VII, 1888-1892. Additamenta ad vol. VII, VIII, XIV.

Travail : « De acclamationibus quae dicuntur imperatoriis saeculo p. Chr. IV », p. 429-435. H. Dessau.

— Tome VIII, 1891-1899. Additamenta ad vol. II, IX, X. Additamenta ad Acta Arvalium.

— Tome IX, 1903-1913. Additamenta ad vol. II, VII, XIV.

Des « indices » sont placés à la fin de chaque tome, avec des « argumenta commentationum ».

B. — L'ANNÉE ÉPIGRAPHIQUE [1]

Cette publication réunit annuellement, en une brochure, les inscriptions intéressantes qui ont été révélées dans l'année. C'est un tirage à part de la *Revue Archéologique*.

Cette brochure est en même temps la revue des publications relatives à l'antiquité romaine. Elle constitue une bibliographie soigneusement informée et facile à consulter. — Trois tables ont déjà paru :

1º En 1901, une table générale des treize premières années (1887-1900).

2º En 1912, une table des dix années suivantes (1901-1910).

3º En 1922, une troisième (1911-1920).

-----

1. In-8º, Paris, Leroux, depuis 1887 ; publiée d'abord par R. Cagnat ; à partir de 1898, par R. Cagnat et M. Besnier.

III. — CHOIX D'INSCRIPTIONS

Les choix d'inscriptions sont très utiles, surtout pour familiariser avec les grands recueils.

H. DESSAU. — *Inscriptiones selectae.* (Berlin, 3 vol. in-8°.)

Ce recueil très pratique permet de trouver rapidement des exemples d'inscriptions relatives à tous les sujets qui intéressent l'histoire ou les institutions romaines, car les textes y sont groupés par catégories. Les références au C. I. L. sont indiquées à la suite de chaque texte.

— Vol. I, 1892. — Tituli imperatorum domusque imperatoriae, p. 22.

Tituli virorum et mulierum ordinis senatorii, p. 194.

Tituli virorum dignitatis equestris, p. 293.

Tituli militares, p. 389.

— Vol. II. Pars I, 1902. — Tituli sacri et sacerdotum, p. 1.

Tituli pertinentes ad ludos, p. 289.

Tituli operum locorumque publicorum, p. 346.

Tituli municipales, p. 482.

Pars II, 1906. — Tituli collegiorum, p. 737.

Tituli sepulcrales, p. 834.

Appendix titulorum graecorum, p. 1003.

— Vol. III, Pars I, 1914. — INDICES, p. 1 à 954.

Pars II, 1916. Addenda et corrigenda, p. IX à CXCII.

E. DIEHL. — *Inscriptiones latinae.* « Collegit Ernestus Diehl, Fünfzig Tafeln in Lichtdruck ». (Tabulae in usum scholarum). Bonn, 1912. — Excellentes reproductions photographiques donnant en fac-similés des textes épigraphiques des diverses époques romaines, République et Empire.

II

BIBLIOGRAPHIE PRATIQUE

Il s'agit ici de fournir aux chercheurs des renseignements qui leur permettent de se guider dans la lecture des Corpus ; et aussi de leur indiquer les ouvrages, les instruments d'études capables de faciliter l'interprétation des textes. Ainsi, d'une part la recherche des inscriptions, d'autre part leur mise en valeur.

I. — RECHERCHE DES INSCRIPTIONS

Le C. I. L. est une source inépuisable, et sa richesse même est une difficulté à laquelle il faut remédier. Dans les 300.000 documents qu'il rassemble, comment trouver une inscription d'un genre déterminé ?

Pour conseiller efficacement, nous devons nous limiter aux catégories d'inscriptions les plus caractéristiques ; c'est-à-dire : les inscriptions impériales, — les « cursus » sénatoriaux, — les « cursus » équestres, — les « cursus » mixtes, — les « cursus » inférieurs, — les diplômes militaires, — les inscriptions monumentales,

D'autre part, une distinction s'impose entre les volumes pourvus d' « Indices » et ceux qui n'en ont pas, car la méthode de recherche varie nécessairement dans les deux cas.

A. — *Volumes pourvus d' « indices ».*

Les « indices » sont des tables placées à la fin des volumes ou des tomes et formant un inventaire très minutieux, très complet de leur contenu. Ils représentent eux-mêmes une masse compacte (les « indices » du C. I. L. III n'ont pas moins de 394 pages). Mais pour permettre au lecteur de se reconnaître dans cette masse, on l'a divisée de la façon suivante :

— « Nomina virorum et mulierum ». Ordre alphabétique [1].

— « Cognomina virorum et mulierum ». Ordre alphabétique.

— « Imperatores et domus eorum ». Suivant la chronologie des règnes.

— « Reges ». Souverains étrangers ayant joué un rôle dans la politique romaine.

— « Consules aliaeque anni determinationes ». Fastes.

— « Honores alii publici populi romani :

---

1. Les noms des personnages de rang sénatorial sont imprimés en capitales ; « LITTERIS QUADRATIS ».

a) magistratus ; *b*) apparitores et officiales magistratuum, imperatoris, vectigalium ; *c*) rationes et res domestica imperatoris ; *d*) vestigalia publica ».

— « Res militaris. *a*) cohortes praetoriae ; *b*) cohortes urbanae ; *c*) exercitus ; *d*) legiones ; *e*) alae ; *f*) cohortes auxiliariae ; *g*) numeri reliqui ; *h*) classes ; *i*) munera militaria et classiaria ; *k*) bella et expeditiones ».

— « Dii deaeque et res sacrae. *a*) dii deaeque ; *b*) sacerdotes publici populi romani ; *c*) sacerdotes provinciarum, municipiorum, collegiorum ; *d*) christiana et judaica ».

— « Populus romanus. Tribus romanae ».

— « Provinciae, oppida, civitates, pagi, vici, fluvii ». Nomenclature géographique.

— « Res municipalis. *a*) res publicae ; *b*) ordo populusque ; *c*) honorati et principales ; *e*) augustales..... ».

— « Collegia ».

— « Artes et officia privata ».

— « Carmina ».

— « Litterae singulares notabiliores ».

— « Grammatica ».

— « Notabilia varia ».

— « Recensus locorum recentiorum ».

Les volumes pourvus d' « indices » sont :

Le vol. I, à la fin du tome I.

Le vol. II, à la fin du tome I et à la fin du « Supplementum » (Index général).

Le vol. III, à la fin de « pars posterior » et à la fin du « Supplementi pars posterior ». (Index général).

Le vol. IV, à la fin du tome I ; à la fin du « Supplementi pars prior » ; à la fin du « Supplementi pars posterior ».

Le vol. V, à la fin de « pars posterior » et pour les deux tomes.

Le vol. VII, à la fin du tome unique.

Le vol. VIII, à la fin de « pars posterior », pour les deux premiers tomes. Mais les quatre tomes du supplément n'en ont pas.

Le vol. IX, à la fin du tome unique.

Le vol. X, à la fin de « pars secunda », pour les deux tomes.

Le vol. XII, à la fin du tome unique.

Le vol. XIV, à la fin du tome unique.

Voyons maintenant comment procéder à la recherche des diverses espèces d'inscriptions.

*Dans les volumes qui sont pourvus d' « Indices »,
où trouver :*

— UNE INSCRIPTION IMPÉRIALE ?

— A la partie de l' « Index » intitulée : « Imperatores et domus eorum ». Elle énumère les empereurs dans l'ordre des règnes, reproduit leurs dénominations personnelles, officielles, honorifiques, et établit la chronologie de chaque règne par les fastes consulaires des empereurs et par leurs puissances tribunices.

— UN CURSUS SÉNATORIAL ?

— A l'alinéa « clarissimus vir » de l'index « magistratus ». — Dans toutes les tables qui contiennent les magistratures fondamentales : questure, tribunat, préture, consulat. — Dans celles des quatre grands sacerdoces : augures, épulones, pontifes, quindecemvirs. — Dans celles de l'administration provinciale.

— UN CURSUS ÉQUESTRE ?

— A l'alinéa « egregius vir » ou « perfectissi-vir » ou « eminentissimus vir » de l'index « magistratus ». — A l'alinéa « procurator », ce mot exprimant essentiellement des fonctions équestres. — Au paragraphe relatif aux préfectures du prétoire, des flottes, des vigiles, des cohortes urbaines ; aux préfectures des cohortes auxiliaires et des ailes de cavalerie (index « res militaris » ou « munera militaria ») ; aux préfectures administratives de l'Égypte, de l'annone, (index « honores publici »).

— UN CURSUS MIXTE ? c'est-à-dire un cursus partie équestre, partie sénatorial ?

— Au terme « allectus » (index « honores publici ; magistratus »). Ex. : « allectus inter patri-
cios, praetorios..... »

S'il s'agit d'un personnage de modeste condition,
qui a été introduit dans l'ordre équestre, il est
mentionné au terme « equo publico honoratus,
..... datus, ... exornatus... ».

— Un cursus inférieur ? c'est-à-dire celui d'un
homme n'ayant été ni sénateur ni chevalier ?

— Aux articles « Apparitores et officiales »,
« rationes et res domestica imperatoris » ; « Munera militaria » et « Res militaris ». Dans ce
groupe, les centurions doivent retenir spécialement l'attention.

— Un diplome militaire ?

— Dans le vol. III. C'est là que sont réunis les
diplômes accordés aux vétérans. Le « Corpus »
les appelle, soit « privilegia militum », soit
« constitutiones veteranorum ». Ces « privilegia »
sont donnés dans l'ordre chronologique ; mais le
numérotage d'abord établi a dû être modifié quand
de nouvelles listes de diplômes ont été publiées.
Ce double numérotage, s'ajoutant à une certaine
dispersion des « constitutiones » à travers le
vol. III, crée une difficulté dans la consultation de
la collection.

Pour simplifier les recherches, voici quelques indications :

— Les diplômes forment quatre listes ainsi réparties :

— 1re liste, vol. III. « Pars posterior », p. 844 sqq. et « addenda » p. 1058 sqq. Se numérote de I à LVIII.

— 2e liste, vol. III. « Supplementi pars prior », p. 1957 sqq. Nouveaux diplômes et commentaires à ceux de la première liste. Numérotage nouveau allant de I à XCVII.

— 3e liste, vol. III. « Supplementi pars posterior », p. 2212 sqq. Commentaires aux numéros XXX, XXXVIII, LXI, LXXXII, et diplômes nouveaux : XCVIII, XCIX, C.

— 4e liste. *Ibidem*. p. 2328,64 à 2328,72. Commentaires aux numéros XIV, XXXXVII, LII, LXII, LXVII, LXXVI et 12 diplômes nouveaux numérotés de CI à CXII ; « Mantissa addendorum » : notes aux diplômes LXXXIX et C. (p. 2328, 204).

— *Numérotage et index*. — Le numérotage de la 1re liste se trouve annulé par celui de la 2e, qui est plus complet. C'est donc par cette 2e liste qu'il faut commencer la recherche des diplômes, quitte à se reporter à la 1re, à l'aide des renvois combinés, et à la 3e liste pour les diplômes suivants. Pour la même raison, les « indices » de la

1re liste (fin du 2e tome : « pars posterior ») sont remplacés par les « indices » qui figurent à la fin du supplément (« supplementi pars posterior ») et qui comprennent la 1re, la 2e, la 3e liste, numéros de I à C. Quant à la 4e liste, (numéros CI à CXII), comme elle fait partie des « additamenta postrema », elle a un index à part, sous le titre : « Constitutiones veteranorum », p. 2656-2662, *passim*. Ces 12 diplômes se distribuent régulièrement de Néron à Marc-Aurèle.

— Une inscription monumentale ?

— Par monumentales, nous entendons les inscriptions gravées sur des édifices publics et destinées à conserver le souvenir des libéralités grâce auxquelles ces édifices ont été construits ou restaurés. La nomenclature s'en trouve dans l'article « Notabilia varia », à l'alinéa « aedificia et donaria ». Là sont énumérés tous les genres de travaux de constructions dans l'ordre alphabétique.

B. — *Volumes sans « indices ».*

Les volumes non accompagnés d' « indices » sont : le VI, le XI, le XIII, le XV, et partiellement le IV et le VIII. Or, les volumes VI, VIII et XIII sont particulièrement importants par la qualité comme par la quantité des documents. Il est indispensable de les consulter, et, en l'absence des tables, il faut les lire d'un bout à l'autre.

Du reste, certains tomes sont précédés d'un « CONSPECTUS OPERIS ». Entendons par là un plan d'ensemble qui distribue le recueil par grandes divisions, et qui indique les groupements par pages et numéros.

Les tomes pourvus de « Conspectus operis » sont indiqués dans l'état d'avancement du C. I. L.

Pour les autres volumes, sans « conspectus » ni « indices » (particulièrement le volume XIII), où le principe du classement géographique devient le meilleur renseignement, il faut se rappeler que les inscriptions de chaque pays sont disposées suivant une règle constante :

— d'abord les inscriptions sacrées (dans l'ordre alphabétique) ;

— puis les inscriptions publiques (empereurs, sénateurs, chevaliers, militaires, magistrats municipaux.....) ;

— les inscriptions funéraires ;

— enfin les inscriptions chrétiennes.

Le lecteur peut donc passer sur certaines séries de textes et s'arrêter à celles qui lui conviennent.

Exemple : Les inscriptions de Bordeaux. Elles sont contenues dans le volume XIII, pars I (Aquitania), et précédées d'une note historique, géographique, bibliographique (XVIII, Burdigala, p. 73 sqq.). Elles vont du n. 566 au n. 908 et se présentent conformément à cet ordre :

De 566 à 588, inscriptions sacrées.

De 589 à 592, inscriptions impériales.

De 596 à 604, inscriptions sénatoriales.

De 605 à 606, inscriptions honorifiques.

De 610 à 904, inscriptions funéraires.

De 905 à 908, inscriptions chrétiennes.

II. — MISE EN VALÉUR DES INSCRIPTIONS

L'initiation à l'épigraphie et sa pratique sont assurées par le « Cours » de R. Cagnat : c'est, pour nos études, le guide le plus sûr et le plus clair [1]. A la 4ᵉ édition de cet ouvrage (1914), largement renouvelée, sont ajoutés 28 fac-similés d'inscriptions latines, allant du IIIᵉ siècle a. Chr. au IVᵉ p. Chr.

Mais le texte épigraphique est un témoignage de grande valeur dont on ne peut tirer profit que s'il est interprété d'après certaines règles. Ce travail, qui appartient en propre à la méthode historique, demande des instruments.

1. Voir également, de R. Cagnat, l'article « Inscriptiones », t. III, p. 528-545, du Dictionnaires des Antiquités grecques et romaines.

Voici les principaux :

A. — *Pour la bibliographie de l'inscription :*
Les renseignements produits en tête du document,
dans le C, I, L, ; plus généralement, au début des
tomes, les « praefationes », les « indices auctorum » ou « auctorum recensus ».

B. — *Pour la documentation géographique :*
Les « Indices » : « provinciae, oppida, recensus
locorum recentiorum ».

— M. Besnier : **Lexique de géographie
ancienne**. Paris, Klincksieck, 1914. Cet ouvrage
renvoie à l' « Atlas antiquus », d'Alb. van Kam-
pen (Gotha, Justus Perthes, in-12, 9ᵉ édition).

— L. Homo ; **Lexique de topographie
romaine**. Paris, Klincksieck, 1900.

— Consulter également les cartes placées à la
fin de certains tomes du « Corpus », et, à l'inté-
rieur des volumes, les notices sur les villes, sur
les régions.

C. — *Pour l'identification du personnage* mentionné dans le texte, pour la détermination de sa
personnalité, de sa carrière, au moyen soit d'autres
inscriptions, soit des sources littéraires, utiliser la
« **Prosopographia Imperii Romani**, saec, I,
II, III., consilio et auctoritate Academiae scien-

tiarum regiae Borussicae edita », 3 volumes. Les personnages sont mentionnés dans l'ordre alphabétique.

« Pars » I, ed. E. Klebs, 1897. Lettres A-C.

« Pars » II, ed. H. Dessau, 1897. Lettres D-O.

« Pars » III, edd. P. de Rohden et H. Dessau, 1898. Lettres P-Z.

Tous les noms commençant par la même lettre sont numérotés dans l'ordre alphabétique des lettres suivantes. Les personnages portant le même « gentilicium » sont énumérés dans l'ordre alphabétique des « praemomina » et des « cognomina ».

— Ne pas négliger les tables onomastiques qui sont en tête des « indices » du C. I. L. sous les titres : « Nomina virorum et mulierum ; — Cognomina ».

D. — *Pour l'établissement de la date :*

— G. Goyau : **Chronologie de l'Empire romain**. Paris, Klincksieck, 1891 : (fastes des consuls éponymes et suffects, fastes des préfets de de la ville, du prétoire, mention des grands faits).

— Liebenam : « **Fasti consulares imperii romani** ». Bonn, 1910.

— Borghesi : **Fastes des préfets du prétoire**. Édition revue par E. Cuq, tome X, 1897.

— Pallu de Lessert : **Fastes des Provinces**

africaines sous la domination romaine (Proconsulaire, Numidie, Maurétanies), 2 tomes en 4 vol.
in-4°, 1896-1901. Un supplément très abondant
est en préparation.

— J. Lesquier : **Les préfets d'Égypte
d'Auguste à Dioclétien.** (Armée romaine
d'Égypte, p. 509-518), 1918.

E. — *Pour le commentaire du texte épigraphique :*

— **Le Manuel des Institutions romaines,**
par A. Bouché-Leclercq (Paris, Hachette, 1886).
Exposé précis des institutions de la Royauté, de la
République, de l'Empire. Explication de l'organisation fondamentale de l'État romain : régime
politique, municipes et provinces, finances, armée,
droit et justice, religion. Un appendice contient la
chronologie (calendriers, fastes consulaires). Cet
ouvrage ne cesse de rendre de grands services aux
étudiants.

— **Les Institutions politiques des Romains,** par Mispoulet, 2 vol., Paris, 1882-1883.

— **Le Droit public romain,** par Willems
—, Louvain-Paris, 1863.

— **Le Dictionnaire des Antiquités
grecques et romaines,** publié sous la direction de Daremberg et de Saglio, continué par
E. Pottier et Lafaye, 5 tomes en 9 volumes et un
fascicule de tables. 1877-1919,

— **Le Lexique des Antiquités romaines**, rédigé sous la direction de R. Cagnat et de G. Goyau. Paris, Fontemoing, 1896.

— **Paulys Réal Encyclopädie der Altertumswissenschaft**. Herausgegeben von Georg. Wissowa. Répertoire le plus riche des sources de l'antiquité, dont sont publiés 11 volumes, et qui s'arrête à la lettre K achevée (1893-1922). 3 volumes de supplément (A-J, 1918) ou compléments : lettres R-S, 1914-1921.

— **Dizionario epigrafico di Antichità romane**, di Ettore de Ruggiero. Principaux collaborateurs français : E. Beaudouin, R. Cagnat, F. Toutain. Vol. I, 1886. — Vol. II (pars I et II), 1910. — Vol. III, 1922. S'arrête à la lettre H terminée. Précieux ouvrage, réunissant tous les termes essentiels contenus dans les inscriptions, un état très instructif des institutions religieuses, politiques, militaires, administratives, — les biographies des empereurs, — des exposés géographiques et historiques sur les provinces. Une bibliographie de la question accompagne chaque article.

— **Le Manuel des Antiquités romaines**. Traduit sous la direction de G. Humbert. Paris, Thorin-Fontemoing, depuis 1887.

— Tomes I à VII : **Le Droit public romain**, par Th. Mommsen. Traduction P.-F. Girard. Comprenant : 1re partie, la Magistrature, 2 vol. — 2e partie, les différentes magistratures, 3 vol. — 3e partie, le Peuple et le Sénat, 3 vol.

— Tomes VIII à XIII : **L'Administration Romaine**, par J. Marquardt, comprenant : 1re partie, l'Organisation de l'Empire romain, traduction A. Weiss et P.-L. Lucas, 2 vol. — 2e. partie, l'Organisation financière, traduction A. Vigié, 1 vol. ; l'Organisation militaire, traduction P.-F. Brissaud, 1 vol. — 3e partie, le Culte, traduction J. Brissaud, 2 vol.

— Tomes XIV et XV : **La Vie Privée des Romains**, par J. Marquardt, traduction V. Henry, 2 vol.

— Tome XVI : **Histoire des Sources du Droit Romain**, par P. Kruger, traduction J. Brissaud, 1 vol.

— Tomes XVII, XVIII, XIX : **Le Droit Pénal Romain**, par Th. Mommsen, traduction J. Duquesne.

— Tome XX : **Tables Générales du Droit Public Romain**, par P.-F. Girard, 1 vol. (*Sous presse*).

L'étudiant parviendra rapidement à se reconnaître dans cet immense travail dont la consultation est absolument nécessaire à toute recherche historique sur l'antiquité romaine.

— Disons en terminant que des commentaires nombreux figurent dans le C. I. L., et sont complétés par des notices historiques et géographiques. Ces exposés disparaissent souvent dans l'étendue des volumes. Il faut donc les rechercher et les lire avec soin.

NOUVELLE COLLECTION A L'USAGE DES CLASSES

1re série

Les n°° 1, III, V, VI, IX et XXV de cette série sont épuisés.

II

Manuel d'orthographe latine, d'après le *Manuel* de W. Brambach, trad., augmenté de notes et d'explicat., par F. Antoine. In-12. **2 fr. 50**
Cartonné.. **4 fr. »**

IV

Mètres lyriques d'Horace, d'après les résultats de la *Métrique Moderne*, par H. Schiller, traduit sur la 2e édition allemande et augmenté de *Notions élémentaires de musique appliquée à la métrique*, par O. Riemann. 1883. In-12.......... **2 fr. 50**. Cartonné **4 fr. »**

VII

Stylistique latine, par E. Berger, traduite de l'allemand et remaniée par M. Bonnet et F. Gache, *4e édition*, revue et augmentée. 1913. In-12 cartonné.. **7 fr. »**

VIII

Phraséologie latine, par C. Meissner, traduite de l'allemand et augmentée de l'indication de la source des passages cités, par C. Pascal. *5e édition* augmentée d'une liste de proverbes latins. 1911. In-12 cartonné....................................... **8 fr. »**

X

Étude sur l'armée grecque, pour servir à l'explication des ouvrages historiques de *Xénophon*, d'après F. Vollbrecht et H. Köchly, par C. Pascal. 1886. In-12, avec 20 figures dans le texte et 3 planches doubles, cartonné................................ **5 fr. »**

XI

Syntaxe latine, d'après les principes de la grammaire historique, par O. Riemann. *6e édition*, revue par P. Lejay. 1920. In-12 cart. **15 fr. »**

XII

Métrologie grecque et romaine, par J. Wex, traduite de l'allemand sur la 2e édition et adaptée aux besoins des élèves français par P. Monet, avec Introduction par H. Goelzer. 1886. In-12 cart. **5 fr. »**

XIII

Petit Manuel d'archéologie grecque, d'après J.-P. Mahaffy, par F. Gache et H. Dumény. 1887. In-12 cartonné............... **3 fr. »**

XIV

L'Art nautique dans l'antiquité et spécialement en Grèce, d'après A. Breusing, accompagné d'éclaircissements et de comparaisons avec les usages et les procédés de la marine actuelle, par J. Vars, avec introduction par le contre-amiral A. Vallon. 1887. In-12, avec planche et 56 figures intercalées dans le texte, cartonné.... **7 fr. »**

XV

Traité élémentaire d'Accentuation latine, suivi d'un *Questionnaire* à l'usage des classes, par l'abbé Viot, 4e édition publiée par les soins de P. Viollet. 1888. In-12 cartonné.............. **2 fr. »**

XVI

Nouvelle grammaire latine, rédigée sur un plan nouveau par E. Harrny. 1889. In-12 cartonné........................... **6 fr. »**

XVII

Chronologie de l'Empire romain, publiée sous la direction de R. Cagnat, par G. Goyau. 1891. In-12 cartonné.......... **12 fr. »**